A GRATITUDE JOURNAL FOR PARENTS TO

GRATEFUL

FOR YOU

PRESERVE MEMORIES AND SPECIAL MOMENTS

THIS BOOK BELONGS TO :

_____

_____

_____

_____

KORIE HEROLD | paige tate & co.

Also by Korie Herold

As You Grow : A Modern Memory Book for Baby
As We Grow : A Modern Memory Book for Married Couples
Our Christmas Story : A Modern Christmas Memory Book
Growing You : A Keepsake Pregnancy Journal
Growing Up : A Modern Memory Book for the School Years
Around Our Table : A Modern Heirloom Recipe Book
Grandma's Story : A Memory and Keepsake Journal For My Family
Grandpa's Story : A Memory and Keepsake Journal For My Family
More Than Gratitude : 100 Days of Cultivating Deep Roots of
Gratitude through Guided Journaling, Prayer, and Scripture

Grateful For You : A Gratitude Journal For Parents To Preserve
Memories and Special Moments
Copyright 2022 © Korie Herold
Published in 2022 by Paige Tate & Co.
Paige Tate & Co. is an imprint of Blue Star Press
PO Box 8835, Bend, OR 97708
contact@paigetate.com | www.paigetate.com

Illustrations and Design by Korie Herold

ISBN: 9781950968633
Printed in China
10 9 8 7 6 5 4 3 2 1

This journal is dedicated to my family.
I could hold onto these moments forever.

THE HEART OF THIS JOURNAL

When your child is grown, what kind of memories would you like to share with them from their childhood? You'll probably remember the big milestones, but what about the smaller stuff? Those fleeting moments? How can you share all those day-to-day memories that filled you with joy as their parent? Those are always a bit harder to hold onto unless you write them down.

That's why I created this journal.

As a parent of two children, I know how easy it is to get caught up in the hustle and bustle of everyday life. You're rushing from one place to the next, getting your kids ready for school, off to different sports games and activities, then over to a friend's house for a playdate. And then you do it all over again. Sometimes it can feel like you're just trying to survive as you juggle the 10,000 things that need to get done in a day.

But there are a lot of special memories happening amid that frenzy. Maybe your child says something over breakfast that makes you crack up for the rest of the day. Maybe they surprise you with a drawing that brings a smile to your face for weeks to come.

This journal will help you hold onto those small, but oh so special, memories. Consider this a form of micro-journaling, all done through a lens of gratitude. My hope is that it will help you thrive in your role as a parent.

My inspiration for this book came from my own desire to practice gratitude as a parent. I think gratitude is so important to helping us appreciate our lives, but it's even more meaningful when it's tied to memory-keeping. This book is a simple and beautiful place to record the nuances of your days—a journal that invites you in, yet isn't overwhelming to write in. It's here for the parent(s) that want a special space for memory-keeping, but don't want to record everything. It's not long-winded—it's brief, yet mighty.

There's no pressure to add something every day. This is a place you go when you have that "I don't ever want to forget this" feeling. It's for those moments you take a mental picture of without realizing it. It's for the good stuff. The stuff that is so easy to forget.

Don't let those moments slip through the cracks.

Grateful for You includes the following sections:
- 500 micro-journaling sections for you to record everyday thoughts and memories
- 5 big picture writing prompts for deeper journaling
- 2 pages for you to return to years from now, or whenever you're ready to give this book to your child. Write them a letter explaining the intention of this journal and what you hope they take away from it

This is a tangible book to count your blessings and write them down one by one. Imagine the reaction your child will have when they read your words years later and realize just how grateful their parent(s) were to raise them every step of the way.

The power of the written word cannot be underestimated. Taking quiet time to write by hand about our days gives us a chance to process our feelings, make sense of our experiences, and gain new perspectives on this precious life. For me, journaling is a gift because it gives me something to revisit whenever I want to remember what I was feeling or thinking during a particular season of my life. It's incredibly special to preserve those memories so that I can appreciate them for years to come. Cherish this as an opportunity to slow down, be intentional, and store your heart within these pages that you can hold in your hands and pass along one day.

I'll end with this: You don't have to call yourself a writer to be able to save your family's memories. You just have to see the blessings in your life, and be willing to document them within these pages.

Here's to always finding something to be grateful for.

Cheerfully,
Korie Herold

I would love to see how you incorporate *Grateful For You* into your family's lives. Use #GratefulForYouBOOK and tag @korieherold to connect on social media.

PROMPTS TO GET YOU STARTED

- Something you said that made me smile...
- Something you did that surprised me...
- Something that I love about you...
- A time that you did something kind for someone else...
- Something that I don't ever want to forget about you...
- I feel loved by you when...
- Things about your personality that I love...
- A special outing we shared together...

A LETTER TO MY CHILD

TODAY, _____ , I AM GRATEFUL FOR : _____

_____

_____

_____

_____

_____

TODAY, _____ , I AM GRATEFUL FOR : _____

_____

_____

_____

_____

_____

TODAY, _____ , I AM GRATEFUL FOR : _____

_____

_____

_____

_____

_____

TODAY, _____ , I AM GRATEFUL FOR : _____

_____

_____

_____

_____

_____

TODAY, _____ , I AM GRATEFUL FOR : _____

_____

_____

_____

_____

TODAY, _____ , I AM GRATEFUL FOR : _____

_____

_____

_____

_____

_____

TODAY, _____ , I AM GRATEFUL FOR : _____

_____

_____

_____

_____

_____

TODAY, _____ , I AM GRATEFUL FOR : _____

_____

_____

_____

_____

_____

TODAY, _____ , I AM GRATEFUL FOR : _____

_____

_____

_____

_____

_____

TODAY, _____ , I AM GRATEFUL FOR : _____

_____

_____

_____

_____

_____

TODAY, _____ , I AM GRATEFUL FOR : _____
_____
_____
_____
_____
_____

TODAY, _____ , I AM GRATEFUL FOR : _____
_____
_____
_____
_____
_____

TODAY, _____ , I AM GRATEFUL FOR : _____
_____
_____
_____
_____
_____

TODAY, _____ , I AM GRATEFUL FOR : _____
_____
_____
_____
_____
_____

TODAY, _____ , I AM GRATEFUL FOR : _____
_____
_____
_____
_____

TODAY, _____ , I AM GRATEFUL FOR : _____
_____
_____
_____
_____
_____

TODAY, _____ , I AM GRATEFUL FOR : _____
_____
_____
_____
_____
_____

TODAY, _____ , I AM GRATEFUL FOR : _____
_____
_____
_____
_____
_____

TODAY, _____ , I AM GRATEFUL FOR : _____
_____
_____
_____
_____
_____

TODAY, _____ , I AM GRATEFUL FOR : _____
_____
_____
_____
_____
_____

TODAY, _____ , I AM GRATEFUL FOR : _____
_____
_____
_____
_____

TODAY, _____ , I AM GRATEFUL FOR : _____
_____
_____
_____
_____
_____

TODAY, _____ , I AM GRATEFUL FOR : _____
_____
_____
_____
_____
_____

TODAY, _____ , I AM GRATEFUL FOR : _____
_____
_____
_____
_____
_____

TODAY, _____ , I AM GRATEFUL FOR : _____
_____
_____
_____
_____
_____

TODAY, _____ , I AM GRATEFUL FOR : _____
_____
_____
_____
_____
_____

TODAY, _____ , I AM GRATEFUL FOR : _____
_____
_____
_____
_____
_____
_____

TODAY, _____ , I AM GRATEFUL FOR : _____
_____
_____
_____
_____
_____

TODAY, _____ , I AM GRATEFUL FOR : _____
_____
_____
_____
_____
_____

TODAY, _____ , I AM GRATEFUL FOR : _____
_____
_____
_____
_____

TODAY, _____ , I AM GRATEFUL FOR : _____
_____
_____
_____
_____
_____

TODAY, _____ , I AM GRATEFUL FOR : _____
_____
_____
_____
_____
_____

TODAY, _____ , I AM GRATEFUL FOR : _____
_____
_____
_____
_____
_____

TODAY, _____ , I AM GRATEFUL FOR : _____
_____
_____
_____
_____
_____

TODAY, _____ , I AM GRATEFUL FOR : _____
_____
_____
_____
_____

TODAY, _____ , I AM GRATEFUL FOR : _____
_____
_____
_____
_____
_____

TODAY, _____ , I AM GRATEFUL FOR : _____
_____
_____
_____
_____
_____

TODAY, _____ , I AM GRATEFUL FOR : _____
_____
_____
_____
_____
_____

TODAY, _____ , I AM GRATEFUL FOR : _____
_____
_____
_____
_____
_____

TODAY, _____ , I AM GRATEFUL FOR : _____
_____
_____
_____
_____

TODAY, _____ , I AM GRATEFUL FOR : _____
_____
_____
_____
_____
_____

TODAY, _____ , I AM GRATEFUL FOR : _____
_____
_____
_____
_____
_____

TODAY, _____ , I AM GRATEFUL FOR : _____
_____
_____
_____
_____
_____

TODAY, _____ , I AM GRATEFUL FOR : _____
_____
_____
_____
_____
_____

TODAY, _____ , I AM GRATEFUL FOR : _____
_____
_____
_____
_____
_____

TODAY, _____ , I AM GRATEFUL FOR : _____
_____
_____
_____
_____
_____

TODAY, _____ , I AM GRATEFUL FOR : _____
_____
_____
_____
_____
_____
_____

TODAY, _____ , I AM GRATEFUL FOR : _____
_____
_____
_____
_____
_____
_____

TODAY, _____ , I AM GRATEFUL FOR : _____
_____
_____
_____
_____
_____
_____

TODAY, _____ , I AM GRATEFUL FOR : _____
_____
_____
_____
_____

TODAY, _____ , I AM GRATEFUL FOR : _____
_____
_____
_____
_____
_____

TODAY, _____ , I AM GRATEFUL FOR : _____
_____
_____
_____
_____
_____

TODAY, _____ , I AM GRATEFUL FOR : _____
_____
_____
_____
_____
_____

TODAY, _____ , I AM GRATEFUL FOR : _____
_____
_____
_____
_____
_____

TODAY, _____ , I AM GRATEFUL FOR : _____
_____
_____
_____
_____
_____

TODAY, _____ , I AM GRATEFUL FOR : _____
_____
_____
_____
_____
_____
_____

TODAY, _____ , I AM GRATEFUL FOR : _____
_____
_____
_____
_____
_____
_____

TODAY, _____ , I AM GRATEFUL FOR : _____
_____
_____
_____
_____
_____
_____

TODAY, _____ , I AM GRATEFUL FOR : _____
_____
_____
_____
_____
_____
_____

TODAY, _____ , I AM GRATEFUL FOR : _____
_____
_____
_____
_____
_____

TODAY, _____ , I AM GRATEFUL FOR : _____

_____

_____

_____

_____

_____

TODAY, _____ , I AM GRATEFUL FOR : _____

_____

_____

_____

_____

_____

TODAY, _____ , I AM GRATEFUL FOR : _____

_____

_____

_____

_____

_____

TODAY, _____ , I AM GRATEFUL FOR : _____

_____

_____

_____

_____

_____

TODAY, _____ , I AM GRATEFUL FOR : _____

_____

_____

_____

_____

_____

TODAY, _____ , I AM GRATEFUL FOR : _____
_____
_____
_____
_____
_____

TODAY, _____ , I AM GRATEFUL FOR : _____
_____
_____
_____
_____
_____
_____

TODAY, _____ , I AM GRATEFUL FOR : _____
_____
_____
_____
_____
_____
_____

TODAY, _____ , I AM GRATEFUL FOR : _____
_____
_____
_____
_____
_____
_____

TODAY, _____ , I AM GRATEFUL FOR : _____
_____
_____
_____
_____

TODAY, _____ , I AM GRATEFUL FOR : _____
_____
_____
_____
_____
_____

TODAY, _____ , I AM GRATEFUL FOR : _____
_____
_____
_____
_____
_____

TODAY, _____ , I AM GRATEFUL FOR : _____
_____
_____
_____
_____
_____

TODAY, _____ , I AM GRATEFUL FOR : _____
_____
_____
_____
_____
_____

TODAY, _____ , I AM GRATEFUL FOR : _____
_____
_____
_____
_____
_____

TODAY, _____ , I AM GRATEFUL FOR : _____
_____
_____
_____
_____
_____

TODAY, _____ , I AM GRATEFUL FOR : _____
_____
_____
_____
_____
_____

TODAY, _____ , I AM GRATEFUL FOR : _____
_____
_____
_____
_____
_____

TODAY, _____ , I AM GRATEFUL FOR : _____
_____
_____
_____
_____
_____

TODAY, _____ , I AM GRATEFUL FOR : _____
_____
_____
_____
_____

TODAY, _____ , I AM GRATEFUL FOR : _____
_____
_____
_____
_____
_____

TODAY, _____ , I AM GRATEFUL FOR : _____
_____
_____
_____
_____
_____

TODAY, _____ , I AM GRATEFUL FOR : _____
_____
_____
_____
_____
_____

TODAY, _____ , I AM GRATEFUL FOR : _____
_____
_____
_____
_____
_____

TODAY, _____ , I AM GRATEFUL FOR : _____
_____
_____
_____
_____
_____

TODAY, _____ , I AM GRATEFUL FOR : _____
_____
_____
_____
_____
_____

TODAY, _____ , I AM GRATEFUL FOR : _____
_____
_____
_____
_____
_____

TODAY, _____ , I AM GRATEFUL FOR : _____
_____
_____
_____
_____
_____

TODAY, _____ , I AM GRATEFUL FOR : _____
_____
_____
_____
_____
_____

TODAY, _____ , I AM GRATEFUL FOR : _____
_____
_____
_____
_____

TODAY, _____ , I AM GRATEFUL FOR : _____
_____
_____
_____
_____
_____

TODAY, _____ , I AM GRATEFUL FOR : _____
_____
_____
_____
_____
_____

TODAY, _____ , I AM GRATEFUL FOR : _____
_____
_____
_____
_____
_____

TODAY, _____ , I AM GRATEFUL FOR : _____
_____
_____
_____
_____
_____

TODAY, _____ , I AM GRATEFUL FOR : _____
_____
_____
_____
_____

TODAY, _____ , I AM GRATEFUL FOR : _____
_____
_____
_____
_____
_____

TODAY, _____ , I AM GRATEFUL FOR : _____
_____
_____
_____
_____
_____

TODAY, _____ , I AM GRATEFUL FOR : _____
_____
_____
_____
_____
_____

TODAY, _____ , I AM GRATEFUL FOR : _____
_____
_____
_____
_____
_____

TODAY, _____ , I AM GRATEFUL FOR : _____
_____
_____
_____
_____

A MOMENT I
WAS SO PROUD
OF YOU

DATE

TODAY, _____, I AM GRATEFUL FOR : _____
_____
_____
_____
_____
_____

TODAY, _____, I AM GRATEFUL FOR : _____
_____
_____
_____
_____
_____

TODAY, _____, I AM GRATEFUL FOR : _____
_____
_____
_____
_____
_____

TODAY, _____, I AM GRATEFUL FOR : _____
_____
_____
_____
_____
_____

TODAY, _____, I AM GRATEFUL FOR : _____
_____
_____
_____
_____
_____

TODAY, _____, I AM GRATEFUL FOR : _____
_____
_____
_____
_____
_____
_____

TODAY, _____, I AM GRATEFUL FOR : _____
_____
_____
_____
_____
_____
_____

TODAY, _____, I AM GRATEFUL FOR : _____
_____
_____
_____
_____
_____
_____

TODAY, _____, I AM GRATEFUL FOR : _____
_____
_____
_____
_____
_____
_____

TODAY, _____, I AM GRATEFUL FOR : _____
_____
_____
_____
_____
_____
_____

TODAY, _____ , I AM GRATEFUL FOR : _____
_____
_____
_____
_____
_____

TODAY, _____ , I AM GRATEFUL FOR : _____
_____
_____
_____
_____
_____

TODAY, _____ , I AM GRATEFUL FOR : _____
_____
_____
_____
_____
_____

TODAY, _____ , I AM GRATEFUL FOR : _____
_____
_____
_____
_____
_____

TODAY, _____ , I AM GRATEFUL FOR : _____
_____
_____
_____
_____

TODAY, _____, I AM GRATEFUL FOR : _____

_____
_____
_____
_____
_____

TODAY, _____, I AM GRATEFUL FOR : _____

_____
_____
_____
_____
_____

TODAY, _____, I AM GRATEFUL FOR : _____

_____
_____
_____
_____
_____

TODAY, _____, I AM GRATEFUL FOR : _____

_____
_____
_____
_____
_____

TODAY, _____, I AM GRATEFUL FOR : _____

_____
_____
_____
_____

TODAY, _____ , I AM GRATEFUL FOR : _____
_____
_____
_____
_____
_____

TODAY, _____ , I AM GRATEFUL FOR : _____
_____
_____
_____
_____
_____

TODAY, _____ , I AM GRATEFUL FOR : _____
_____
_____
_____
_____
_____

TODAY, _____ , I AM GRATEFUL FOR : _____
_____
_____
_____
_____
_____

TODAY, _____ , I AM GRATEFUL FOR : _____
_____
_____
_____
_____
_____

TODAY, _____ , I AM GRATEFUL FOR : _____
_____
_____
_____
_____
_____

TODAY, _____ , I AM GRATEFUL FOR : _____
_____
_____
_____
_____
_____

TODAY, _____ , I AM GRATEFUL FOR : _____
_____
_____
_____
_____
_____

TODAY, _____ , I AM GRATEFUL FOR : _____
_____
_____
_____
_____
_____

TODAY, _____ , I AM GRATEFUL FOR : _____
_____
_____
_____
_____

TODAY, _____ , I AM GRATEFUL FOR : _____
_____
_____
_____
_____
_____

TODAY, _____ , I AM GRATEFUL FOR : _____
_____
_____
_____
_____
_____

TODAY, _____ , I AM GRATEFUL FOR : _____
_____
_____
_____
_____
_____

TODAY, _____ , I AM GRATEFUL FOR : _____
_____
_____
_____
_____
_____

TODAY, _____ , I AM GRATEFUL FOR : _____
_____
_____
_____
_____
_____

TODAY, _____ , I AM GRATEFUL FOR : _____
_____
_____
_____
_____
_____

TODAY, _____ , I AM GRATEFUL FOR : _____
_____
_____
_____
_____
_____

TODAY, _____ , I AM GRATEFUL FOR : _____
_____
_____
_____
_____
_____

TODAY, _____ , I AM GRATEFUL FOR : _____
_____
_____
_____
_____
_____

TODAY, _____ , I AM GRATEFUL FOR : _____
_____
_____
_____
_____

TODAY, _____ , I AM GRATEFUL FOR : _____
_____
_____
_____
_____
_____

TODAY, _____ , I AM GRATEFUL FOR : _____
_____
_____
_____
_____
_____

TODAY, _____ , I AM GRATEFUL FOR : _____
_____
_____
_____
_____
_____

TODAY, _____ , I AM GRATEFUL FOR : _____
_____
_____
_____
_____
_____

TODAY, _____ , I AM GRATEFUL FOR : _____
_____
_____
_____
_____
_____

TODAY, _____ , I AM GRATEFUL FOR : _____

_____

_____

_____

_____

_____

_____

TODAY, _____ , I AM GRATEFUL FOR : _____

_____

_____

_____

_____

_____

_____

TODAY, _____ , I AM GRATEFUL FOR : _____

_____

_____

_____

_____

_____

_____

TODAY, _____ , I AM GRATEFUL FOR : _____

_____

_____

_____

_____

_____

_____

TODAY, _____ , I AM GRATEFUL FOR : _____

_____

_____

_____

_____

_____

TODAY, _____ , I AM GRATEFUL FOR : _____

_____
_____
_____
_____
_____

TODAY, _____ , I AM GRATEFUL FOR : _____

_____
_____
_____
_____
_____

TODAY, _____ , I AM GRATEFUL FOR : _____

_____
_____
_____
_____
_____

TODAY, _____ , I AM GRATEFUL FOR : _____

_____
_____
_____
_____
_____

TODAY, _____ , I AM GRATEFUL FOR : _____

_____
_____
_____
_____

TODAY, _____ , I AM GRATEFUL FOR : _____
_____
_____
_____
_____
_____

TODAY, _____ , I AM GRATEFUL FOR : _____
_____
_____
_____
_____
_____

TODAY, _____ , I AM GRATEFUL FOR : _____
_____
_____
_____
_____
_____

TODAY, _____ , I AM GRATEFUL FOR : _____
_____
_____
_____
_____
_____

TODAY, _____ , I AM GRATEFUL FOR : _____
_____
_____
_____
_____

TODAY, _____ , I AM GRATEFUL FOR : _____
_____
_____
_____
_____
_____

TODAY, _____ , I AM GRATEFUL FOR : _____
_____
_____
_____
_____
_____

TODAY, _____ , I AM GRATEFUL FOR : _____
_____
_____
_____
_____
_____

TODAY, _____ , I AM GRATEFUL FOR : _____
_____
_____
_____
_____
_____

TODAY, _____ , I AM GRATEFUL FOR : _____
_____
_____
_____
_____

TODAY, _____ , I AM GRATEFUL FOR : _____
_____
_____
_____
_____
_____

TODAY, _____ , I AM GRATEFUL FOR : _____
_____
_____
_____
_____
_____

TODAY, _____ , I AM GRATEFUL FOR : _____
_____
_____
_____
_____
_____

TODAY, _____ , I AM GRATEFUL FOR : _____
_____
_____
_____
_____
_____

TODAY, _____ , I AM GRATEFUL FOR : _____
_____
_____
_____
_____
_____

TODAY, _____ , I AM GRATEFUL FOR : _____
_____
_____
_____
_____
_____

TODAY, _____ , I AM GRATEFUL FOR : _____
_____
_____
_____
_____
_____

TODAY, _____ , I AM GRATEFUL FOR : _____
_____
_____
_____
_____
_____

TODAY, _____ , I AM GRATEFUL FOR : _____
_____
_____
_____
_____
_____

TODAY, _____ , I AM GRATEFUL FOR : _____
_____
_____
_____
_____
_____

TODAY, _____ , I AM GRATEFUL FOR : _____
_____
_____
_____
_____
_____

TODAY, _____ , I AM GRATEFUL FOR : _____
_____
_____
_____
_____
_____

TODAY, _____ , I AM GRATEFUL FOR : _____
_____
_____
_____
_____
_____

TODAY, _____ , I AM GRATEFUL FOR : _____
_____
_____
_____
_____
_____

TODAY, _____ , I AM GRATEFUL FOR : _____
_____
_____
_____
_____
_____

TODAY, _____ , I AM GRATEFUL FOR : _____
_____
_____
_____
_____
_____

TODAY, _____ , I AM GRATEFUL FOR : _____
_____
_____
_____
_____
_____

TODAY, _____ , I AM GRATEFUL FOR : _____
_____
_____
_____
_____
_____

TODAY, _____ , I AM GRATEFUL FOR : _____
_____
_____
_____
_____
_____

TODAY, _____ , I AM GRATEFUL FOR : _____
_____
_____
_____
_____

TODAY, _____ , I AM GRATEFUL FOR : _____
_____
_____
_____
_____
_____

TODAY, _____ , I AM GRATEFUL FOR : _____
_____
_____
_____
_____
_____
_____

TODAY, _____ , I AM GRATEFUL FOR : _____
_____
_____
_____
_____
_____
_____

TODAY, _____ , I AM GRATEFUL FOR : _____
_____
_____
_____
_____
_____
_____

TODAY, _____ , I AM GRATEFUL FOR : _____
_____
_____
_____
_____

TODAY, _____ , I AM GRATEFUL FOR : _____
_____
_____
_____
_____
_____

TODAY, _____ , I AM GRATEFUL FOR : _____
_____
_____
_____
_____
_____

TODAY, _____ , I AM GRATEFUL FOR : _____
_____
_____
_____
_____
_____

TODAY, _____ , I AM GRATEFUL FOR : _____
_____
_____
_____
_____
_____

TODAY, _____ , I AM GRATEFUL FOR : _____
_____
_____
_____
_____
_____

TODAY, _____ , I AM GRATEFUL FOR : _____
_____
_____
_____
_____
_____

TODAY, _____ , I AM GRATEFUL FOR : _____
_____
_____
_____
_____
_____
_____
_____

TODAY, _____ , I AM GRATEFUL FOR : _____
_____
_____
_____
_____
_____
_____
_____

TODAY, _____ , I AM GRATEFUL FOR : _____
_____
_____
_____
_____
_____
_____
_____

TODAY, _____ , I AM GRATEFUL FOR : _____
_____
_____
_____
_____

A LESSON
THAT I LEARNED
FROM YOU

DATE

TODAY, _____ , I AM GRATEFUL FOR : _____
_____
_____
_____
_____
_____

TODAY, _____ , I AM GRATEFUL FOR : _____
_____
_____
_____
_____
_____

TODAY, _____ , I AM GRATEFUL FOR : _____
_____
_____
_____
_____
_____

TODAY, _____ , I AM GRATEFUL FOR : _____
_____
_____
_____
_____
_____

TODAY, _____ , I AM GRATEFUL FOR : _____
_____
_____
_____
_____
_____

TODAY, _____ , I AM GRATEFUL FOR : _____

_____

_____

_____

_____

_____

TODAY, _____ , I AM GRATEFUL FOR : _____

_____

_____

_____

_____

_____

TODAY, _____ , I AM GRATEFUL FOR : _____

_____

_____

_____

_____

_____

TODAY, _____ , I AM GRATEFUL FOR : _____

_____

_____

_____

_____

_____

TODAY, _____ , I AM GRATEFUL FOR : _____

_____

_____

_____

_____

_____

TODAY, _____ , I AM GRATEFUL FOR : _____
_____
_____
_____
_____
_____

TODAY, _____ , I AM GRATEFUL FOR : _____
_____
_____
_____
_____
_____

TODAY, _____ , I AM GRATEFUL FOR : _____
_____
_____
_____
_____
_____

TODAY, _____ , I AM GRATEFUL FOR : _____
_____
_____
_____
_____
_____

TODAY, _____ , I AM GRATEFUL FOR : _____
_____
_____
_____
_____

TODAY, _____ , I AM GRATEFUL FOR : _____
_____
_____
_____
_____
_____

TODAY, _____ , I AM GRATEFUL FOR : _____
_____
_____
_____
_____
_____

TODAY, _____ , I AM GRATEFUL FOR : _____
_____
_____
_____
_____
_____

TODAY, _____ , I AM GRATEFUL FOR : _____
_____
_____
_____
_____
_____

TODAY, _____ , I AM GRATEFUL FOR : _____
_____
_____
_____
_____

TODAY, _____ , I AM GRATEFUL FOR : _____
_____
_____
_____
_____
_____

TODAY, _____ , I AM GRATEFUL FOR : _____
_____
_____
_____
_____
_____

TODAY, _____ , I AM GRATEFUL FOR : _____
_____
_____
_____
_____
_____

TODAY, _____ , I AM GRATEFUL FOR : _____
_____
_____
_____
_____
_____

TODAY, _____ , I AM GRATEFUL FOR : _____
_____
_____
_____
_____

TODAY, _____ , I AM GRATEFUL FOR : _____
_____
_____
_____
_____
_____
_____

TODAY, _____ , I AM GRATEFUL FOR : _____
_____
_____
_____
_____
_____
_____

TODAY, _____ , I AM GRATEFUL FOR : _____
_____
_____
_____
_____
_____
_____

TODAY, _____ , I AM GRATEFUL FOR : _____
_____
_____
_____
_____
_____
_____

TODAY, _____ , I AM GRATEFUL FOR : _____
_____
_____
_____
_____
_____
_____

TODAY, _____ , I AM GRATEFUL FOR : _____
_____
_____
_____
_____
_____

TODAY, _____ , I AM GRATEFUL FOR : _____
_____
_____
_____
_____
_____

TODAY, _____ , I AM GRATEFUL FOR : _____
_____
_____
_____
_____
_____

TODAY, _____ , I AM GRATEFUL FOR : _____
_____
_____
_____
_____
_____

TODAY, _____ , I AM GRATEFUL FOR : _____
_____
_____
_____
_____

TODAY, _____ , I AM GRATEFUL FOR : _____
_____
_____
_____
_____
_____

TODAY, _____ , I AM GRATEFUL FOR : _____
_____
_____
_____
_____
_____

TODAY, _____ , I AM GRATEFUL FOR : _____
_____
_____
_____
_____
_____

TODAY, _____ , I AM GRATEFUL FOR : _____
_____
_____
_____
_____
_____

TODAY, _____ , I AM GRATEFUL FOR : _____
_____
_____
_____
_____
_____

TODAY, _____ , I AM GRATEFUL FOR : _____

_____
_____
_____
_____
_____

TODAY, _____ , I AM GRATEFUL FOR : _____

_____
_____
_____
_____
_____

TODAY, _____ , I AM GRATEFUL FOR : _____

_____
_____
_____
_____
_____

TODAY, _____ , I AM GRATEFUL FOR : _____

_____
_____
_____
_____
_____

TODAY, _____ , I AM GRATEFUL FOR : _____

_____
_____
_____
_____

TODAY, _____ , I AM GRATEFUL FOR : _____
_____
_____
_____
_____
_____

TODAY, _____ , I AM GRATEFUL FOR : _____
_____
_____
_____
_____
_____

TODAY, _____ , I AM GRATEFUL FOR : _____
_____
_____
_____
_____
_____

TODAY, _____ , I AM GRATEFUL FOR : _____
_____
_____
_____
_____
_____

TODAY, _____ , I AM GRATEFUL FOR : _____
_____
_____
_____
_____
_____

TODAY, _____ , I AM GRATEFUL FOR : _____
_____
_____
_____
_____
_____

TODAY, _____ , I AM GRATEFUL FOR : _____
_____
_____
_____
_____
_____

TODAY, _____ , I AM GRATEFUL FOR : _____
_____
_____
_____
_____
_____

TODAY, _____ , I AM GRATEFUL FOR : _____
_____
_____
_____
_____
_____

TODAY, _____ , I AM GRATEFUL FOR : _____
_____
_____
_____
_____
_____

TODAY, _____ , I AM GRATEFUL FOR : _____
_____
_____
_____
_____
_____

TODAY, _____ , I AM GRATEFUL FOR : _____
_____
_____
_____
_____
_____

TODAY, _____ , I AM GRATEFUL FOR : _____
_____
_____
_____
_____
_____

TODAY, _____ , I AM GRATEFUL FOR : _____
_____
_____
_____
_____
_____

TODAY, _____ , I AM GRATEFUL FOR : _____
_____
_____
_____
_____

TODAY, _____ , I AM GRATEFUL FOR : _____
_____
_____
_____
_____
_____

TODAY, _____ , I AM GRATEFUL FOR : _____
_____
_____
_____
_____
_____

TODAY, _____ , I AM GRATEFUL FOR : _____
_____
_____
_____
_____
_____

TODAY, _____ , I AM GRATEFUL FOR : _____
_____
_____
_____
_____
_____

TODAY, _____ , I AM GRATEFUL FOR : _____
_____
_____
_____
_____

TODAY, _____ , I AM GRATEFUL FOR : _____
_____
_____
_____
_____
_____

TODAY, _____ , I AM GRATEFUL FOR : _____
_____
_____
_____
_____
_____
_____

TODAY, _____ , I AM GRATEFUL FOR : _____
_____
_____
_____
_____
_____
_____

TODAY, _____ , I AM GRATEFUL FOR : _____
_____
_____
_____
_____
_____
_____

TODAY, _____ , I AM GRATEFUL FOR : _____
_____
_____
_____
_____

TODAY, _____ , I AM GRATEFUL FOR : _____
_____
_____
_____
_____
_____

TODAY, _____ , I AM GRATEFUL FOR : _____
_____
_____
_____
_____
_____

TODAY, _____ , I AM GRATEFUL FOR : _____
_____
_____
_____
_____
_____

TODAY, _____ , I AM GRATEFUL FOR : _____
_____
_____
_____
_____
_____

TODAY, _____ , I AM GRATEFUL FOR : _____
_____
_____
_____
_____
_____

TODAY, _____ , I AM GRATEFUL FOR : _____
_____
_____
_____
_____
_____

TODAY, _____ , I AM GRATEFUL FOR : _____
_____
_____
_____
_____
_____

TODAY, _____ , I AM GRATEFUL FOR : _____
_____
_____
_____
_____
_____

TODAY, _____ , I AM GRATEFUL FOR : _____
_____
_____
_____
_____
_____

TODAY, _____ , I AM GRATEFUL FOR : _____
_____
_____
_____
_____

TODAY, _____ , I AM GRATEFUL FOR : _____
_____
_____
_____
_____
_____

TODAY, _____ , I AM GRATEFUL FOR : _____
_____
_____
_____
_____
_____

TODAY, _____ , I AM GRATEFUL FOR : _____
_____
_____
_____
_____
_____

TODAY, _____ , I AM GRATEFUL FOR : _____
_____
_____
_____
_____
_____

TODAY, _____ , I AM GRATEFUL FOR : _____
_____
_____
_____
_____

TODAY, _____ , I AM GRATEFUL FOR : _____
_____
_____
_____
_____
_____

TODAY, _____ , I AM GRATEFUL FOR : _____
_____
_____
_____
_____
_____

TODAY, _____ , I AM GRATEFUL FOR : _____
_____
_____
_____
_____
_____

TODAY, _____ , I AM GRATEFUL FOR : _____
_____
_____
_____
_____
_____

TODAY, _____ , I AM GRATEFUL FOR : _____
_____
_____
_____
_____
_____

TODAY, _____ , I AM GRATEFUL FOR : _____
_____
_____
_____
_____
_____

TODAY, _____ , I AM GRATEFUL FOR : _____
_____
_____
_____
_____
_____

TODAY, _____ , I AM GRATEFUL FOR : _____
_____
_____
_____
_____
_____

TODAY, _____ , I AM GRATEFUL FOR : _____
_____
_____
_____
_____
_____

TODAY, _____ , I AM GRATEFUL FOR : _____
_____
_____
_____
_____
_____

TODAY, _____ , I AM GRATEFUL FOR : _____
_____
_____
_____
_____
_____

TODAY, _____ , I AM GRATEFUL FOR : _____
_____
_____
_____
_____
_____

TODAY, _____ , I AM GRATEFUL FOR : _____
_____
_____
_____
_____
_____

TODAY, _____ , I AM GRATEFUL FOR : _____
_____
_____
_____
_____
_____

TODAY, _____ , I AM GRATEFUL FOR : _____
_____
_____
_____
_____
_____

A TIME THAT
YOU WERE BRAVE

DATE

TODAY, _____ , I AM GRATEFUL FOR : _____
_____
_____
_____
_____
_____

TODAY, _____ , I AM GRATEFUL FOR : _____
_____
_____
_____
_____
_____

TODAY, _____ , I AM GRATEFUL FOR : _____
_____
_____
_____
_____
_____

TODAY, _____ , I AM GRATEFUL FOR : _____
_____
_____
_____
_____
_____

TODAY, _____ , I AM GRATEFUL FOR : _____
_____
_____
_____
_____

TODAY, _____ , I AM GRATEFUL FOR : _____
_____
_____
_____
_____
_____

TODAY, _____ , I AM GRATEFUL FOR : _____
_____
_____
_____
_____
_____

TODAY, _____ , I AM GRATEFUL FOR : _____
_____
_____
_____
_____
_____

TODAY, _____ , I AM GRATEFUL FOR : _____
_____
_____
_____
_____
_____

TODAY, _____ , I AM GRATEFUL FOR : _____
_____
_____
_____
_____
_____

TODAY, _____ , I AM GRATEFUL FOR : _____
_____
_____
_____
_____
_____

TODAY, _____ , I AM GRATEFUL FOR : _____
_____
_____
_____
_____
_____

TODAY, _____ , I AM GRATEFUL FOR : _____
_____
_____
_____
_____
_____

TODAY, _____ , I AM GRATEFUL FOR : _____
_____
_____
_____
_____
_____

TODAY, _____ , I AM GRATEFUL FOR : _____
_____
_____
_____
_____
_____

TODAY, _____ , I AM GRATEFUL FOR : _____
_____
_____
_____
_____
_____

TODAY, _____ , I AM GRATEFUL FOR : _____
_____
_____
_____
_____
_____

TODAY, _____ , I AM GRATEFUL FOR : _____
_____
_____
_____
_____
_____

TODAY, _____ , I AM GRATEFUL FOR : _____
_____
_____
_____
_____
_____

TODAY, _____ , I AM GRATEFUL FOR : _____
_____
_____
_____
_____

TODAY, _____ , I AM GRATEFUL FOR : _____
_____
_____
_____
_____
_____

TODAY, _____ , I AM GRATEFUL FOR : _____
_____
_____
_____
_____
_____

TODAY, _____ , I AM GRATEFUL FOR : _____
_____
_____
_____
_____
_____

TODAY, _____ , I AM GRATEFUL FOR : _____
_____
_____
_____
_____
_____

TODAY, _____ , I AM GRATEFUL FOR : _____
_____
_____
_____
_____

TODAY, _____ , I AM GRATEFUL FOR : _____
_____
_____
_____
_____
_____

TODAY, _____ , I AM GRATEFUL FOR : _____
_____
_____
_____
_____
_____

TODAY, _____ , I AM GRATEFUL FOR : _____
_____
_____
_____
_____
_____

TODAY, _____ , I AM GRATEFUL FOR : _____
_____
_____
_____
_____
_____

TODAY, _____ , I AM GRATEFUL FOR : _____
_____
_____
_____
_____
_____

TODAY, _____ , I AM GRATEFUL FOR : _____
_____
_____
_____
_____
_____

TODAY, _____ , I AM GRATEFUL FOR : _____
_____
_____
_____
_____
_____

TODAY, _____ , I AM GRATEFUL FOR : _____
_____
_____
_____
_____
_____

TODAY, _____ , I AM GRATEFUL FOR : _____
_____
_____
_____
_____
_____

TODAY, _____ , I AM GRATEFUL FOR : _____
_____
_____
_____
_____
_____

TODAY, _____ , I AM GRATEFUL FOR : _____
_____
_____
_____
_____
_____

TODAY, _____ , I AM GRATEFUL FOR : _____
_____
_____
_____
_____
_____

TODAY, _____ , I AM GRATEFUL FOR : _____
_____
_____
_____
_____
_____

TODAY, _____ , I AM GRATEFUL FOR : _____
_____
_____
_____
_____
_____

TODAY, _____ , I AM GRATEFUL FOR : _____
_____
_____
_____
_____

TODAY, _____ , I AM GRATEFUL FOR : _____
_____
_____
_____
_____
_____

TODAY, _____ , I AM GRATEFUL FOR : _____
_____
_____
_____
_____
_____

TODAY, _____ , I AM GRATEFUL FOR : _____
_____
_____
_____
_____
_____

TODAY, _____ , I AM GRATEFUL FOR : _____
_____
_____
_____
_____
_____

TODAY, _____ , I AM GRATEFUL FOR : _____
_____
_____
_____
_____
_____

TODAY, _____ , I AM GRATEFUL FOR : _____
_____
_____
_____
_____
_____

TODAY, _____ , I AM GRATEFUL FOR : _____
_____
_____
_____
_____
_____

TODAY, _____ , I AM GRATEFUL FOR : _____
_____
_____
_____
_____
_____

TODAY, _____ , I AM GRATEFUL FOR : _____
_____
_____
_____
_____
_____

TODAY, _____ , I AM GRATEFUL FOR : _____
_____
_____
_____
_____
_____

TODAY, _____ , I AM GRATEFUL FOR : _____
_____
_____
_____
_____
_____

TODAY, _____ , I AM GRATEFUL FOR : _____
_____
_____
_____
_____
_____

TODAY, _____ , I AM GRATEFUL FOR : _____
_____
_____
_____
_____
_____

TODAY, _____ , I AM GRATEFUL FOR : _____
_____
_____
_____
_____
_____

TODAY, _____ , I AM GRATEFUL FOR : _____
_____
_____
_____
_____

TODAY, _____ , I AM GRATEFUL FOR : _____
_____
_____
_____
_____
_____

TODAY, _____ , I AM GRATEFUL FOR : _____
_____
_____
_____
_____
_____

TODAY, _____ , I AM GRATEFUL FOR : _____
_____
_____
_____
_____
_____

TODAY, _____ , I AM GRATEFUL FOR : _____
_____
_____
_____
_____
_____

TODAY, _____ , I AM GRATEFUL FOR : _____
_____
_____
_____
_____
_____

TODAY, _____ , I AM GRATEFUL FOR : _____

_____
_____
_____
_____
_____
_____

TODAY, _____ , I AM GRATEFUL FOR : _____

_____
_____
_____
_____
_____
_____

TODAY, _____ , I AM GRATEFUL FOR : _____

_____
_____
_____
_____
_____
_____

TODAY, _____ , I AM GRATEFUL FOR : _____

_____
_____
_____
_____
_____
_____

TODAY, _____ , I AM GRATEFUL FOR : _____

_____
_____
_____
_____
_____

TODAY, _____ , I AM GRATEFUL FOR : _____
_____
_____
_____
_____
_____
_____

TODAY, _____ , I AM GRATEFUL FOR : _____
_____
_____
_____
_____
_____
_____

TODAY, _____ , I AM GRATEFUL FOR : _____
_____
_____
_____
_____
_____
_____

TODAY, _____ , I AM GRATEFUL FOR : _____
_____
_____
_____
_____
_____
_____

TODAY, _____ , I AM GRATEFUL FOR : _____
_____
_____
_____
_____
_____

TODAY, _____ , I AM GRATEFUL FOR : _____
_____
_____
_____
_____
_____

TODAY, _____ , I AM GRATEFUL FOR : _____
_____
_____
_____
_____
_____

TODAY, _____ , I AM GRATEFUL FOR : _____
_____
_____
_____
_____
_____

TODAY, _____ , I AM GRATEFUL FOR : _____
_____
_____
_____
_____
_____

TODAY, _____ , I AM GRATEFUL FOR : _____
_____
_____
_____
_____

TODAY, _____ , I AM GRATEFUL FOR : _____
_____
_____
_____
_____
_____

TODAY, _____ , I AM GRATEFUL FOR : _____
_____
_____
_____
_____
_____

TODAY, _____ , I AM GRATEFUL FOR : _____
_____
_____
_____
_____
_____

TODAY, _____ , I AM GRATEFUL FOR : _____
_____
_____
_____
_____
_____

TODAY, _____ , I AM GRATEFUL FOR : _____
_____
_____
_____
_____

TODAY, _____ , I AM GRATEFUL FOR : _____
_____
_____
_____
_____
_____

TODAY, _____ , I AM GRATEFUL FOR : _____
_____
_____
_____
_____
_____

TODAY, _____ , I AM GRATEFUL FOR : _____
_____
_____
_____
_____
_____

TODAY, _____ , I AM GRATEFUL FOR : _____
_____
_____
_____
_____
_____

TODAY, _____ , I AM GRATEFUL FOR : _____
_____
_____
_____
_____

TODAY, _____ , I AM GRATEFUL FOR : _____
_____
_____
_____
_____
_____

TODAY, _____ , I AM GRATEFUL FOR : _____
_____
_____
_____
_____
_____

TODAY, _____ , I AM GRATEFUL FOR : _____
_____
_____
_____
_____
_____

TODAY, _____ , I AM GRATEFUL FOR : _____
_____
_____
_____
_____
_____

TODAY, _____ , I AM GRATEFUL FOR : _____
_____
_____
_____
_____

TODAY, _____ , I AM GRATEFUL FOR : _____
_____
_____
_____
_____
_____

TODAY, _____ , I AM GRATEFUL FOR : _____
_____
_____
_____
_____
_____

TODAY, _____ , I AM GRATEFUL FOR : _____
_____
_____
_____
_____
_____

TODAY, _____ , I AM GRATEFUL FOR : _____
_____
_____
_____
_____
_____

TODAY, _____ , I AM GRATEFUL FOR : _____
_____
_____
_____
_____

TODAY, _____ , I AM GRATEFUL FOR : _____
_____
_____
_____
_____
_____

TODAY, _____ , I AM GRATEFUL FOR : _____
_____
_____
_____
_____
_____

TODAY, _____ , I AM GRATEFUL FOR : _____
_____
_____
_____
_____
_____

TODAY, _____ , I AM GRATEFUL FOR : _____
_____
_____
_____
_____
_____

TODAY, _____ , I AM GRATEFUL FOR : _____
_____
_____
_____
_____
_____

A TYPICAL DAY
WHEN YOU WERE
_____ YEARS OLD

DATE

TODAY, _____ , I AM GRATEFUL FOR : _____
_____
_____
_____
_____
_____

TODAY, _____ , I AM GRATEFUL FOR : _____
_____
_____
_____
_____
_____

TODAY, _____ , I AM GRATEFUL FOR : _____
_____
_____
_____
_____
_____

TODAY, _____ , I AM GRATEFUL FOR : _____
_____
_____
_____
_____
_____

TODAY, _____ , I AM GRATEFUL FOR : _____
_____
_____
_____
_____
_____

TODAY, _____ , I AM GRATEFUL FOR : _____
_____
_____
_____
_____
_____

TODAY, _____ , I AM GRATEFUL FOR : _____
_____
_____
_____
_____
_____

TODAY, _____ , I AM GRATEFUL FOR : _____
_____
_____
_____
_____
_____

TODAY, _____ , I AM GRATEFUL FOR : _____
_____
_____
_____
_____
_____

TODAY, _____ , I AM GRATEFUL FOR : _____
_____
_____
_____
_____

TODAY, _____ , I AM GRATEFUL FOR : _____
_____
_____
_____
_____
_____

TODAY, _____ , I AM GRATEFUL FOR : _____
_____
_____
_____
_____
_____

TODAY, _____ , I AM GRATEFUL FOR : _____
_____
_____
_____
_____
_____

TODAY, _____ , I AM GRATEFUL FOR : _____
_____
_____
_____
_____
_____

TODAY, _____ , I AM GRATEFUL FOR : _____
_____
_____
_____
_____
_____

TODAY, _____ , I AM GRATEFUL FOR : _____
_____
_____
_____
_____
_____

TODAY, _____ , I AM GRATEFUL FOR : _____
_____
_____
_____
_____
_____

TODAY, _____ , I AM GRATEFUL FOR : _____
_____
_____
_____
_____
_____

TODAY, _____ , I AM GRATEFUL FOR : _____
_____
_____
_____
_____
_____

TODAY, _____ , I AM GRATEFUL FOR : _____
_____
_____
_____
_____

TODAY, _____ , I AM GRATEFUL FOR : _____
_____
_____
_____
_____
_____

TODAY, _____ , I AM GRATEFUL FOR : _____
_____
_____
_____
_____
_____

TODAY, _____ , I AM GRATEFUL FOR : _____
_____
_____
_____
_____
_____

TODAY, _____ , I AM GRATEFUL FOR : _____
_____
_____
_____
_____
_____

TODAY, _____ , I AM GRATEFUL FOR : _____
_____
_____
_____
_____
_____

TODAY, _____ , I AM GRATEFUL FOR : _____
_____
_____
_____
_____
_____

TODAY, _____ , I AM GRATEFUL FOR : _____
_____
_____
_____
_____
_____

TODAY, _____ , I AM GRATEFUL FOR : _____
_____
_____
_____
_____
_____

TODAY, _____ , I AM GRATEFUL FOR : _____
_____
_____
_____
_____
_____

TODAY, _____ , I AM GRATEFUL FOR : _____
_____
_____
_____

TODAY, _____ , I AM GRATEFUL FOR : _____
_____
_____
_____
_____
_____

TODAY, _____ , I AM GRATEFUL FOR : _____
_____
_____
_____
_____
_____

TODAY, _____ , I AM GRATEFUL FOR : _____
_____
_____
_____
_____
_____

TODAY, _____ , I AM GRATEFUL FOR : _____
_____
_____
_____
_____
_____

TODAY, _____ , I AM GRATEFUL FOR : _____
_____
_____
_____
_____
_____

TODAY, _____ , I AM GRATEFUL FOR : _____
_____
_____
_____
_____
_____
_____

TODAY, _____ , I AM GRATEFUL FOR : _____
_____
_____
_____
_____
_____
_____

TODAY, _____ , I AM GRATEFUL FOR : _____
_____
_____
_____
_____
_____
_____

TODAY, _____ , I AM GRATEFUL FOR : _____
_____
_____
_____
_____
_____
_____

TODAY, _____ , I AM GRATEFUL FOR : _____
_____
_____
_____
_____

TODAY, _____, I AM GRATEFUL FOR : _____
_____
_____
_____
_____
_____

TODAY, _____, I AM GRATEFUL FOR : _____
_____
_____
_____
_____
_____

TODAY, _____, I AM GRATEFUL FOR : _____
_____
_____
_____
_____
_____

TODAY, _____, I AM GRATEFUL FOR : _____
_____
_____
_____
_____
_____

TODAY, _____, I AM GRATEFUL FOR : _____
_____
_____
_____
_____
_____

TODAY, _____ , I AM GRATEFUL FOR : _____
_____
_____
_____
_____
_____

TODAY, _____ , I AM GRATEFUL FOR : _____
_____
_____
_____
_____
_____

TODAY, _____ , I AM GRATEFUL FOR : _____
_____
_____
_____
_____
_____

TODAY, _____ , I AM GRATEFUL FOR : _____
_____
_____
_____
_____
_____

TODAY, _____ , I AM GRATEFUL FOR : _____
_____
_____
_____
_____
_____

TODAY, _____ , I AM GRATEFUL FOR : _____
_____
_____
_____
_____
_____

TODAY, _____ , I AM GRATEFUL FOR : _____
_____
_____
_____
_____
_____

TODAY, _____ , I AM GRATEFUL FOR : _____
_____
_____
_____
_____
_____

TODAY, _____ , I AM GRATEFUL FOR : _____
_____
_____
_____
_____
_____

TODAY, _____ , I AM GRATEFUL FOR : _____
_____
_____
_____
_____

TODAY, _____ , I AM GRATEFUL FOR : _____
_____
_____
_____
_____
_____

TODAY, _____ , I AM GRATEFUL FOR : _____
_____
_____
_____
_____
_____

TODAY, _____ , I AM GRATEFUL FOR : _____
_____
_____
_____
_____
_____

TODAY, _____ , I AM GRATEFUL FOR : _____
_____
_____
_____
_____
_____

TODAY, _____ , I AM GRATEFUL FOR : _____
_____
_____
_____
_____

TODAY, _____ , I AM GRATEFUL FOR : _____
_____
_____
_____
_____
_____

TODAY, _____ , I AM GRATEFUL FOR : _____
_____
_____
_____
_____
_____

TODAY, _____ , I AM GRATEFUL FOR : _____
_____
_____
_____
_____
_____

TODAY, _____ , I AM GRATEFUL FOR : _____
_____
_____
_____
_____
_____

TODAY, _____ , I AM GRATEFUL FOR : _____
_____
_____
_____
_____

TODAY, _____ , I AM GRATEFUL FOR : _____
_____
_____
_____
_____
_____

TODAY, _____ , I AM GRATEFUL FOR : _____
_____
_____
_____
_____
_____

TODAY, _____ , I AM GRATEFUL FOR : _____
_____
_____
_____
_____
_____

TODAY, _____ , I AM GRATEFUL FOR : _____
_____
_____
_____
_____
_____

TODAY, _____ , I AM GRATEFUL FOR : _____
_____
_____
_____

TODAY, _____ , I AM GRATEFUL FOR : _____
_____
_____
_____
_____
_____

TODAY, _____ , I AM GRATEFUL FOR : _____
_____
_____
_____
_____
_____

TODAY, _____ , I AM GRATEFUL FOR : _____
_____
_____
_____
_____
_____

TODAY, _____ , I AM GRATEFUL FOR : _____
_____
_____
_____
_____
_____

TODAY, _____ , I AM GRATEFUL FOR : _____
_____
_____
_____
_____
_____

TODAY, _____ , I AM GRATEFUL FOR : _____

_____

_____

_____

_____

_____

TODAY, _____ , I AM GRATEFUL FOR : _____

_____

_____

_____

_____

_____

TODAY, _____ , I AM GRATEFUL FOR : _____

_____

_____

_____

_____

_____

TODAY, _____ , I AM GRATEFUL FOR : _____

_____

_____

_____

_____

_____

TODAY, _____ , I AM GRATEFUL FOR : _____

_____

_____

_____

_____

TODAY, _____ , I AM GRATEFUL FOR : _____
_____
_____
_____
_____
_____

TODAY, _____ , I AM GRATEFUL FOR : _____
_____
_____
_____
_____
_____

TODAY, _____ , I AM GRATEFUL FOR : _____
_____
_____
_____
_____
_____

TODAY, _____ , I AM GRATEFUL FOR : _____
_____
_____
_____
_____
_____

TODAY, _____ , I AM GRATEFUL FOR : _____
_____
_____
_____
_____

TODAY, _____, I AM GRATEFUL FOR : _____
_____
_____
_____
_____
_____

TODAY, _____, I AM GRATEFUL FOR : _____
_____
_____
_____
_____
_____

TODAY, _____, I AM GRATEFUL FOR : _____
_____
_____
_____
_____
_____

TODAY, _____, I AM GRATEFUL FOR : _____
_____
_____
_____
_____
_____

TODAY, _____, I AM GRATEFUL FOR : _____
_____
_____
_____
_____

TODAY, _____ , I AM GRATEFUL FOR : _____
_____
_____
_____
_____
_____

TODAY, _____ , I AM GRATEFUL FOR : _____
_____
_____
_____
_____
_____

TODAY, _____ , I AM GRATEFUL FOR : _____
_____
_____
_____
_____
_____

TODAY, _____ , I AM GRATEFUL FOR : _____
_____
_____
_____
_____
_____

TODAY, _____ , I AM GRATEFUL FOR : _____
_____
_____
_____
_____

TODAY, _____ , I AM GRATEFUL FOR : _____
_____
_____
_____
_____
_____

TODAY, _____ , I AM GRATEFUL FOR : _____
_____
_____
_____
_____
_____

TODAY, _____ , I AM GRATEFUL FOR : _____
_____
_____
_____
_____
_____

TODAY, _____ , I AM GRATEFUL FOR : _____
_____
_____
_____
_____
_____

TODAY, _____ , I AM GRATEFUL FOR : _____
_____
_____
_____
_____
_____

VALUES WE
INSTILLED IN
YOU FROM
A YOUNG AGE

DATE

YOUR STORIES ARE WORTH TELLING

We believe this in our core, which is why we create the heirloom books that we do. We believe in quality materials, timeless design, and a whole lot of heart. We invite you to visit our website to dive into any of the books in our current lineup and get a deeper look at the contents, purpose of the book, who it's for, and what makes each one special.

WWW.KORIEHEROLD.COM
for more information

OTHER BOOKS BY KORIE HEROLD

**GROWING YOU : A KEEPSAKE PREGNANCY JOURNAL AND MEMORY BOOK FOR MOM &
BABY** - *Growing You* is an heirloom-quality book to celebrate and chronicle your pregnancy
journey, reflecting on the growth, anticipation, and memories that you want to hold onto
as a mother. This journal is the perfect gift for someone early on in their pregnancy.

AS YOU GROW : A MODERN MEMORY BOOK FOR BABY - *As You Grow* stands out from the
crowd of baby books with its elegant, chic, and timeless design. The guided sections with
gender-neutral artwork provide space for your family to record moments from pregnancy to
age five. *As You Grow* is inclusive of every modern family and makes a great gift for a parent
at a baby shower.

GROWING UP : A MODERN MEMORY BOOK FOR THE SCHOOL YEARS - *Growing Up* is a
modern memory book for the school years and features gender-neutral artwork and space
to record precious memories from kindergarten through high school so you can one day
pass it down to your grown child.

OUR CHRISTMAS STORY : A MODERN MEMORY BOOK FOR CHRISTMAS - Write down
meaningful holiday traditions, record special gifts given or received, save photos with Santa
or annual family Christmas cards, preserve treasured family holiday recipes, and so much
more! This book makes for a thoughtful gift for a bridal shower, wedding gift, or for a
family who loves to celebrate Christmas.

**AROUND OUR TABLE : A MODERN HEIRLOOM RECIPE BOOK TO ORGANIZE AND
PRESERVE YOUR FAMILY'S MOST CHERISHED MEALS** - Preserve all of your favorite recipes,
and the memories associated with them, in this heirloom-quality blank recipe book that
includes 7 sections to organize your recipes, along with recipe cards, plastic sleeves to
preserve new and old recipes, and a pocket folder in the back for additional storage.

AS WE GROW : A MODERN MEMORY BOOK FOR MARRIED COUPLES - *As We Grow* is a
place to celebrate and remember the details of your marriage. Record the story of how
you live and love and preserve it in writing—a treasure you can pass to your children and
grandchildren. It's the perfect gift for the newly engaged couple, the newly married couple,
or those who have been married for years!

GRANDMA'S/GRANDPA'S STORY : A MEMORY AND KEEPSAKE JOURNAL FOR MY FAMILY -
These two guided journals provide grandparents with thoughtful writing prompts to help
them record their most precious moments and pass them down to their grandchildren
and families. Beautifully designed keepsake journals, these books are the perfect gift for
Mother's/Father's Day, birthdays, or any special occasion.

MORE THAN GRATITUDE - Spend 100 days cultivating deep roots of gratitude through
guided journaling, prayer, and scripture. *More Than Gratitude* is ready to meet you where
you are, and help you grow in your daily walk with the Lord, through six simple daily
prompts. Grab your sisters, neighbors, friends, and family and do this journey together!

WHAT PEOPLE ARE SAYING
ABOUT KORIE HEROLD BOOKS

"Korie is an artist at heart but also has an overwhelming sense of legacy to everything she does. Her other books have a way of making you pause, slow down, and memorialize a fleeting season to enjoy later." - Lauren Swann

"When you see how beautiful and detail-oriented her books are, you become a customer for life. Thank you, Korie, for thinking of everything and creating treasures that will be passed down through future generations." - Paige Frey

"The quality is unbelievable and it's such a gorgeous place to preserve all those cherished memories. And it looks beautiful on my shelf next to my other memory books from Korie! ... I love the attention to detail Korie includes in her books." - Maria Hilsenbrand

"By far, I think my favorite thing about As You Grow *is that my son will one day be able to cherish this time capsule of sorts. He'll know exactly how he was loved, thought of, and remembered as my sweet little boy."*
- Alyse Morrissey

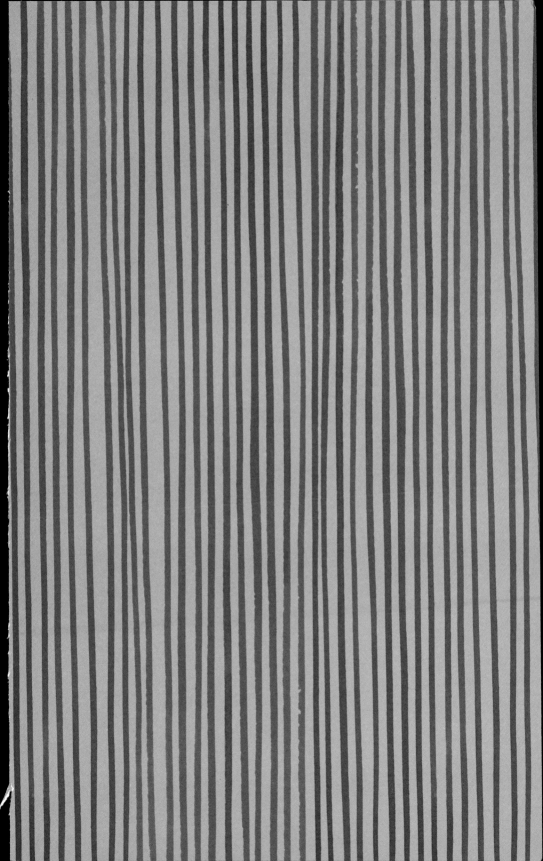

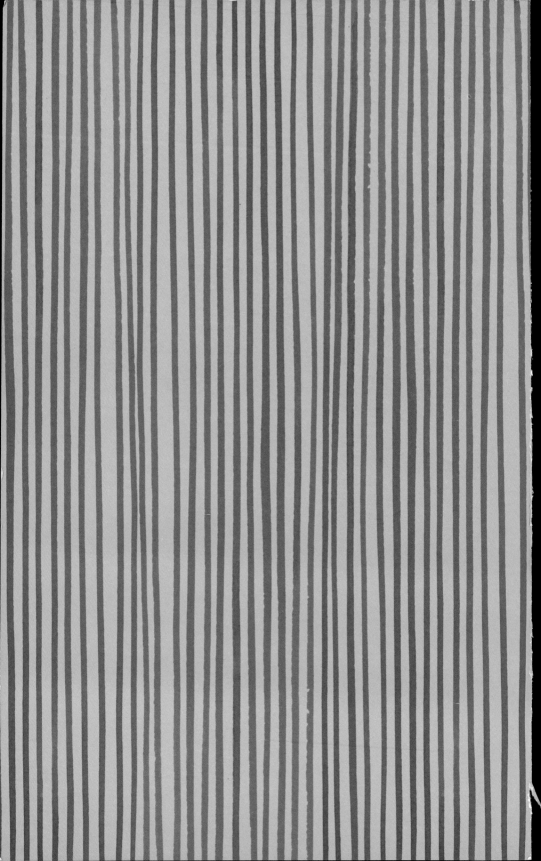